BIBLIOTHÈQUE POPULAIRE
A 25 C. LE VOLUME

E. LITTRÉ

Sur le Génie Militaire
DE
BONAPARTE

PARIS
AU BUREAU DE L'ÉCLIPSE
16, rue du Croissant
1872

SUR LE GÉNIE MILITAIRE

DE

BONAPARTE

PAR

E. LITTRÉ, de l'Institut

PARIS

AU BUREAU DE *L'ÉCLIPSE*

16, RUE DU CROISSANT, 16

—

1872

PRÉFACE

La Bibliothèque populaire a la bonne fortune d'offrir aujourd'hui à ses lecteurs un travail important de M. Littré. C'est l'appréciation du génie militaire de Bonaparte.

Le grand capitaine était-il complet comme homme de guerre, ou bien lui manqua-t-il certaines qualités, que l'on voit briller dans Turenne, Frédéric II et son adversaire Wellington? Telle est la question analysée par M. Littré, avec une grande hauteur de vue et des considérations générales et politiques. Les deux articles, d'où est extrait le présent volume, ont paru en 1868 et 69 dans la Revue de *Philosophie positive*, à l'occasion du Centenaire de Napoléon et de l'histoire de la campagne de 1815 par le colonel Charras.

Nous ne saurions trop recommander à l'attention du lecteur ce travail de l'éminent et savant publiciste.

E. DE POMPERY.

PREMIÈRE PARTIE

Bossuet, dans l'*Oraison funèbre du prince de Condé*, dit : « Puisque, pour « notre malheur, ce qu'il y a de plus « fatal à la vie humaine, c'est-à-dire « l'art militaire, est en même temps « ce qu'elle a de plus ingénieux et « de plus habile, considérons d'a- « bord par cet endroit le grand gé- « nie de notre prince. » Au contraire, P.-L. Courier, dans sa spirituelle boutade intitulée *Conversation chez la comtesse d'Albany*, loin d'a-

vouer que là soit ce qu'il y a de plus ingénieux et de plus habile, ne veut pas même reconnaître qu'il existe un génie militaire, et c'est justement de ce même Condé qu'il se sert pour sa thèse : « Un jeune prince à dix-
« huit ans arrive de la cour en
« poste, donne une bataille, la ga-
« gne, et le voilà grand capitaine
« pour toute sa vie, et le plus grand
« capitaine du monde. — Qui donc ?
« demanda la comtesse ; qui a fait
« ce que vous dites là ? — Le grand
« Condé. — Oh! celui-là, c'était un
« génie.—Sans doute, dit-il ; et Gas-
« ton de Foix ? L'histoire est pleine
« de pareils exemples. Mais ces
« choses-là ne se voient point dans
« les autres arts. Un prince, quelque

« génie qu'il ait reçu du ciel, ne fait
« pas tout botté, en descendant de
« cheval, le *Stabat* de Pergolèse, ou
« la *Sainte-Famille* de Raphaël. »

Cette *Conversation* fut écrite au commencement de l'année 1812 ; et, à ce moment, Courier, révolté de ce que l'on nommait la gloire impériale, n'était pas d'humeur à flatter les guerriers et les conquérants. Mais, s'il faut rendre justice au sentiment qui le pousse, il ne faut pas accepter le jugement que ce sentiment lui inspire. Evidemment, quand une armée est formée et qu'elle est pourvue de tout l'appareil en relation avec l'état correspondant de l'industrie, il n'est point indifférent d'en user de telle ou telle manière. Cet emploi comporte tous les degrés de l'habileté, jusqu'au génie lui-même. Une armée est une force; et, comme toutes les forces, ce n'est que par la tête qui la dirige qu'elle produit ses plus puissants effets.

Mais, tout en récusant le dire de Courier, je ne veux pas laisser à la phrase monarchique et aristocratique de Bossuet sa pleine signification. Non, l'art militaire n'est pas ce que la vie a de plus ingénieux et de plus habile. Car, d'une part, il est tout entier subordonné, dans ses engins, à la science et à l'industrie; et, d'autre part, il n'est qu'une portion de l'art politique, portion d'autant plus importante, j'en conviens, qu'on remonte davantage dans l'antiquité et aux époques où la guerre mettait incessamment en question l'existence même des cités et finissait entre les mains de la Grèce et de Rome par faire triompher la civilisation sur la barbarie. Cette portion, qui a décru, décroîtra encore ; et aujourd'hui, par exemple, la seule question des rapports du travail avec le capital la prime de beaucoup.

L'histoire de la liaison qui est entre la constitution militaire et la constitution sociale est digne d'attention ; et, pour sortir de ses rudiments, l'art militaire a besoin d'un certain degré de civilisation. Aussi n'apparut-il d'abord avec ses vrais caractères que dans la Grèce. Il est incontestable que l'Égypte, l'Assyrie, la Judée, la Médie et la Perse avaient eu de grandes armées et de grandes guerres; mais elles n'avaient jamais dépassé cette période où les masses militaires agissent surtout par leur poids et leur impétuosité. Des armées très-nombreuses, animées de l'esprit guerrier et de la soif du butin, et poussées hardiment par un chef, sont toujours redoutables, surtout contre de petites agglomérations, et quand ces petites agglomérations ne savent pas calculer froidement les moyens de dissoudre les multitudes effrayantes. Ce fut en Grèce que le patriotisme, l'amour de la liberté, la poésie, la philosophie, le savoir firent trouver tout cela, et on vit aussitôt combien le vieil Orient était arriéré, quand il vint briser contre Athènes et contre Sparte sa gloire et sa suprématie.

Carthage même, qui disputa l'empire du monde à Rome, était encore, quant à l'habileté militaire, dans les conditions des états asiatiques; et il fallut qu'un officier grec vint lui apprendre à user de sa cavalerie, de son terrain, de ses éléphants, pour qu'elle battît la petite armée romaine qui la désolait, et qu'elle prît Régulus. A la vérité, elle ne tarda pas à s'instruire dans ce métier qu'elle faisait si médiocrement; et Annibal montra quels élèves pouvaient se former dans cette cité qui, évidemment, aurait, comme Rome, adopté la civilisation grecque, si elle eût triomphé dans ce duel mémorable entre l'Afrique et l'Italie.

Ce fut à Rome qu'échut véritablement l'héritage militaire de la Grèce. Si l'on fait attention qu'entre les groupes d'hommes où la civilisation avait pris le plus fortement racine, l'Orient, la Grèce, l'Italie, l'Afrique, et en présence d'un Occident encore tout barbare, il n'y avait aucun lien qui pût établir quelque harmonie ou équilibre, et qu'il fallait être absolument ou conquis ou conquérant, on reconnaîtra que Rome a, de fait, rempli l'office historique de donner une consistance indissoluble aux éléments politiques qui résumaient le monde ancien, et qui devaient enfanter le monde moderne. Ce qu'il y eut d'ambition effrénée, de patriotisme féroce, de sang versé, est l'effet des conditions douloureuses que la nature de l'homme a imposées au développement de l'homme.

Avec son caractère moitié barbare et moitié romain, le moyen-âge offre une rétrogradation militaire. L'Occident voit ces multitudes désordonnées, impétueuses que l'Orient avait vues; seulement ici ce sont des chevaliers bardés de fer et portés par de puissants chevaux, que suivent des vassaux à pied. Tant qu'on fut en pleine féodalité, on ne sentit pas le besoin de sortir d'un pareil état, et c'est alors que la chevalerie française obtint un si brillant renom, victorieuse à Bouvines, et redoutée sur tous les champs de bataille. Mais, quand d'autres temps arrivèrent et que les Occidentaux marchèrent à des innovations dont ils ne voyaient pas le but, mais dont ils ressentaient l'impulsion, l'ancienne organisation militaire devint aussi surannée que l'était celle des rois de Médie et de Perse. Ces princes éminents, les Édouard et les Henri d'Angleterre, s'en aperçurent; et, profitant du terrain, des armes de jet et de l'infanterie, ils infligèrent aux Français ces terribles désastres de Crécy, de Poitiers et d'Azincourt, où de très-petites armées défirent d'énormes cohues de chevaliers et de *piétaille* (je me sers du mot dédaigneux de nos barons français pour leurs fantassins).

C'est vers cette époque que les Occidentaux firent de la poudre à canon, vieille invention de l'Orient, une application définitive à la guerre. Il y eut un temps mixte où les deux armements se combinèrent; mais enfin, à mesure que l'industrie devint plus habile, les nouvelles armes se perfectionnèrent; et, quand elles eurent suffisamment relégué entre les vieilleries la lance du chevalier, l'arbalète et la hache d'armes, l'art militaire et les généraux modernes commencèrent. Plusieurs, soit dans la lutte entre Charles-Quint et François Ier, soit dans le conflit religieux que suscita la réforme, se firent un grand nom; mais ils ont été les précurseurs et les précepteurs de ceux de l'âge suivant, entre lesquels je citerai, par privilége, Gustave-Adolphe et Turenne. Enfin le xviiie siècle est tout rempli par la grande figure de Frédéric II, qui nous amène jusqu'à notre époque, aux militaires de la Révolution et à Napoléon.

D'ordinaire les grands militaires qui ont rempli les annales de leurs hauts faits, portent tous cette marque d'avoir réussi dans les opérations qu'il leur était échu d'exécuter; les revers, quand ils en avaient éprouvé, n'ont été que partiels ou provisoires, servant seulement à mieux mettre en lumière les ressources de leur esprit et leur supériorité effective. Pourtant il est dans l'antiquité un capitaine très-habile, je l'ai déjà nommé, Annibal, qui, après de foudroyantes victoires, finit par succomber sous les coups de Scipion. Napoléon nous offre une semblable histoire : d'abord des succès inouïs, des armées dispersées en un seul jour, des capitales conquises, des monarchies ébranlées jusque dans leurs fondements; puis des revers inouïs aussi, des armées perdues, des désastres irréparables, Paris pris deux fois, et deux fois le trône impérial renversé. Sans examiner si les défaites d'Annibal n'ont pas leur explication, s'il fit tout ce que devait faire un général, soit quand il laissa écraser l'armée auxiliaire que lui amenait son frère, soit quand il livra la bataille de Zama, au lieu d'opposer à Scipion la tactique que le temporiseur Fabius lui avait, à lui Annibal, opposée avec tant de succès ; sans, dis-je, entrer dans cette vieille histoire, j'entre dans l'histoire contemporaine pour rechercher comment il se fait que Napoléon ait deux phases si opposées, l'une de succès, l'autre de revers, et pour considérer si les succès sont dus au génie et les revers à la fatalité, comme on l'a dit tant de fois pour obéir tantôt à une aveugle admiration, tantôt au deuil de la patrie. C'est une étude de psychologie historique, bornée à une seule faculté, la faculté militaire, chez un homme dont les moindres mouvements sont connus. Il en résultera que ce qui fit, pour Napoléon, la fatalité, c'est que sa capacité militaire, très-éminente en certaines circonstances données, était très-bornée pour le reste, et que, lorsque les circonstances où elle se déployait avec une formidable puissance manquèrent, elle tomba au-dessous de l'habileté de ses adversaires. A ce potentat, pour l'arrêter dans sa marche vers la ruine, il aurait fallu cet œil intérieur à l'aide duquel on se juge, on s'apprécie soi-même; mais il ne l'eut jamais; aussi tenta-t-il incessamment ce que les nouvelles circonstances rendaient impraticable; et sa fortune s'écroula de chute en chute jusqu'à l'île d'Elbe et Sainte-Hélène. Quand on le voit si limité dans le champ même où sa force intellectuelle est la plus grande, on comprend comment il a si peu connu ce que devait être la politique au commencement du XIX° siècle et après la Révolution française. Cela jette un jour psychologique sur tant et de si énormes contre-sens. Ces contre-sens ne changent pas l'ordre du développement social, qui dépend de conditions bien supérieures; mais ils le troublent; et l'on est, longtemps après encore, occupé à les reconnaître, à les combattre, à les éliminer.

On m'objectera que je n'ai aucune compétence pour traiter des questions militaires. Cette objection, on peut le croire, je me la suis faite. Mais je me suis répondu qu'un historien, ayant par devers lui l'événement qui est en soi un si grand préjugé, le plan des deux généraux, et le récit de l'une et de l'autre partie, est en état de se faire une idée claire et juste des causes du résultat final. Ce n'est plus qu'une affaire de critique historique.

J'embrasserai un bien plus grand espace que n'a fait le lieutenant-colonel Charras; pourtant c'est à lui que je dois d'avoir exécuté cette étude avec une sécurité que je n'aurais pas eue sans cet appui. Là, pour une action circonscrite, pour un terrible drame militaire de quatre jours, j'ai trouvé une discussion précise, lumineuse, conduite avec toutes les pièces probantes, et constamment éclairée par les ordres de Napoléon, de Wellington, de Blücher, et par les rapports de leurs lieutenants. Avec ce modèle, on apprend vite à examiner critiquement une opération militaire. Et puis, mais ceci est personnel, ce n'est pas sans de profonds ressouvenirs que j'ai tenu et feuilleté son livre. M. Charras et moi, avons été collaborateurs au *National*, il y a bien des années. Lui est mort; et moi, je tiens encore la plume;

mais la vieillesse, qui commence à la faire trembler en ma main, me laisse l'intime satisfaction de me retrouver semblable à moi-même et à mes amis.

Dans la carrière qui devait être finalement si funeste à l'Europe par ses succès, à lui et à la France par ses désastres, Napoléon entre par le commandement de l'armée qui défendait les débouchés des Alpes contre les Piémontais et les Autrichiens. Nul besoin n'était qu'elle passât d'une défensive suffisante à l'offensive : la République avait protégé son sol et son principe contre les rois ; ce qu'il lui fallait, pour elle et pour les autres, c'était la paix et non des conquêtes. Mais Napoléon, remaquez-le, car ce trait va se rencontrer dans toutes les phases de sa vie militaire, change la défensive en offensive; pénètre dans le Piémont, gagne les possessions autrichiennes, et étonne amis et ennemis par ses exploits rapides et décisifs. Ce qui est combiné profondément est exécuté activement; la combinaison et l'exécution sont dignes l'une de l'autre. L'inépuisable Autriche répare incessamment ses armées incessamment défaites ; mais enfin elle se lasse, elle succombe, et il n'y aurait rien à retrancher dans cette grande page militaire, si la vilaine affaire de Venise ne venait montrer le nouveau héros sous un jour suspect et inquiétant pour l'avenir.

La République française n'a pu garder ses conquêtes en Italie; la coalition de l'Angleterre, de l'Autriche et de la Russie les lui enlève, mais ne réussit pas à entamer son territoire; les victoires de Masséna en Suisse, de Brune en Hollande, délivrent la France de tout péril. C'est alors que Napoléon, revenant d'Égypte, s'empara par un coup d'état de l'autorité souveraine; et aussitôt, transformant la défensive en offensive, il franchit les Alpes et frappa le coup de foudre de Marengo. De nouveau, la France déborde hors de ses frontières et devient menaçante pour l'Europe.

Lui cependant va camper sur les bords de l'Océan, où il combine une invasion de l'Angleterre. L'Autriche croit l'occasion favorable pour mettre un frein à la prépondérance croissante de la France ; mais ses militaires n'étaient pas de force à se mesurer avec le rapide guerrier qui leur semblait si loin et qui tout à coup fut si près d'eux. La capitulation d'Ulm et la défaite d'Austerlitz montrèrent que ses adversaires n'avaient pas encore trouvé le moyen ni de le déjouer, ni de le vaincre. Il mit son pied victorieux sur l'Allemagne, et entrevit de nouvelles victoires.

Elles ne devaient pas manquer. Ni l'orgueil, ni le patriotisme de l'armée prussienne ne purent supporter la situation faite par l'étranger à l'Allemagne ; les troupes prussiennes s'ébranlèrent et elles vinrent chercher Iéna. M. de Ségur appelle prophétiques les cartes militaires sur lesquelles Napoléon combina ses opérations. En effet, il dicta de Paris, avec infaillibilité, tous les mouvements de son armée jusqu'à Berlin, le jour fixe de son entrée dans cette capitale, et la nomination du gouverneur qu'il lui destinait. Tout s'accomplit de point en point ; la Prusse tomba inanimée sous le coup qui lui fut porté, et le joug de l'Allemagne s'appesantit.

Il ne restait plus qu'à frapper la Russie, alliée tardive de l'Autriche et de la Prusse. Napoléon n'hésita pas à la poursuivre en Pologne. La victoire hésita à Eylau; mais elle se décida à Friedland; et, encore que leur adversaire fût bien loin de chez lui et de ses ressources, les Russes ne purent résister au poids d'armes jusque-là invincibles et d'un nom qui devenait une terreur.

Dans cette suite de succès si grands, si continus, si décisifs, qui mirent successivement hors de combat l'Autriche, la Prusse et la Russie, rien n'est fortuit : le regard du capitaine détermine le point où le coup doit être porté ; sa pensée calcule les moyens ; sa volonté les exécute avec autant de rapidité que de sûreté. Mais on remarquera que toutes ces opérations sont des offensives ; et des offensives pourraient être singulièment dérangées si l'adversaire y opposait une habile défensive, une défensive qui traînerait la guerre en longueur. Mais telle n'était pas alors la disposition des ennemis avec qui la lutte était engagée. C'étaient des armées pleines d'esprit et d'orgueil militaires, aussi désireuses du champ clos que Napoléon lui-même; seulement, leurs généraux ne pouvaient soutenir la comparaison avec lui ni pour les calculs, ni pour la décision, ni pour la rapidité. Enfin, les troupes qu'il menait étaient singulièrement redoutables, aguerries, encore pleines des souvenirs et des ardeurs de la République ; on pouvait tout leur demander : impétueuses à l'attaque, solides à la résistance, invincibles à la fatigue. Dans cet ensemble tout concourait : l'excellence des troupes, le génie du chef, le mode offensif de la guerre, et la décision en un seul jour et sur un seul champ de bataille.

Les années 1807 et 1808 ont mis le comble à la grandeur militaire de Napoléon et à sa puissance. Il règne sur la France que la Révolution avait agrandie de la Belgique et de la rive gauche du Rhin, sur l'Italie entière, directement ou indirectement, sur la Suisse dont il est le médiateur, sur la Confédération germanique dont il est le protecteur, sur la Hollande dont un de ses frères est roi et que bientôt il va incorporer, sur la Pologne qu'il a remise au roi de Saxe ; enfin il étend la main même sur le Portugal, occupé par une armée sous les ordres de Junot. Seule, l'Angleterre lui tient tête ; et, pendant qu'il domine le continent, elle s'empare des mers ; il est bien évident qu'il ne sait pas faire la guerre contre elle, mais ceci est un autre côté, le côté maritime, des opérations de Napoléon ; je m'écarterais de mon sujet en en parlant, et il me suffit d'observer que, bien que chassée du continent, l'Angleterre en avait toutes les sympathies (sauf l'Espagne où l'on admirait la France et son empereur), et qu'à la première occasion ces sympathies se feraient jour et deviendraient de redoutables auxiliaires.

Napoléon ne se donna pas longtemps le repos relatif d'une situation où il ne guerroyait que contre l'Angleterre. D'après M. de Ségur, dans les colloques qui eurent lieu à Vitepsck durant la campagne de 1812, le comte Daru, détournant l'empereur de pousser jusqu'à Smolensk ou à Moscou, lui dit que la guerre était un jeu qu'il jouait bien, où il gagnait toujours, et qu'on pouvait en conclure qu'il la faisait avec plaisir. En 1812, il y avait déjà quatre ans qu'il jouait mal ce jeu en Espagne et qu'il avait cessé d'y gagner. Mais, en 1808, voyant ce qu'avait fait la force, il pensa qu'elle pouvait faire encore plus, et il chercha un ennemi. L'entrevue de Tilsitt était trop récente pour qu'il pût songer à attaquer la Russie ; il n'avait qu'à choisir entre l'Espagne, la Prusse ou l'Autriche : il choisit l'Espagne.

L'Espagne avait perdu ses derniers vaisseaux à Trafalgar en combattant pour nous ; un corps espagnol était en Allemagne et nous servait comme allié. En cet état il était bien dur de lui déclarer la guerre ; mais encore cela eût-il mieux valu que ce qui fut fait. Je n'ai point à raconter les événements de Bayonne et cette mise en scène de la fable où La Fontaine peint le chat accordant les deux plaideurs en les croquant l'un et l'autre. Seulement, je veux noter la différence des temps : si le roi Louis-Phillippe, profitant de ses relations avec la Reine Isabelle, de la légion étrangère qu'il lui fournissait, et de la confiance qu'elle avait en lui, l'eût attirée à Bayonne, internée à Valençay et remplacée par le duc d'Aumale ou le duc de Montpensier, je ne doute pas que ses ministres, M. le duc de Broglie, M. Guizot et M. Thiers aussi, bien qu'il ait été l'historien de l'empire, auraient donné leur démission plutôt que d'attacher leur nom à un pareil événement. Eh bien, en 1808, il n'y eut pas une démission. Non pas que les hommes de ce temps-ci soient autres que les hommes de ce temps-là ; ce qui vaut mieux c'est la liberté, la publicité, la discussion plus grandes aujourd'hui qu'alors.

A cet acte étrange en France et dans le XIXᵉ siècle, l'Espagne répondit par un soulèvement universel dont le résultat immédiat, tant Napoléon avait été imprévoyant, fut la prise de deux armées françaises. Celle de Dupont, lancée jusque dans le midi de l'Espagne, harcelée dans sa marche en avant, harcelée dans sa retraite, mit bas les armes ; celle de Junot, coupée de France par l'insurrection espagnole, et vaincue en bataille rangée par les Anglais, capitula. A ces nouvelles, Napoléon rappelle en toute hâte ses troupes d'Allemagne ; le major-général Berthier, en transmettant l'ordre à leurs commandants, disait, dans une lettre que j'ai tenue, que *d'assez grands malheurs* étaient survenus en Espagne. J'étais alors à Angoulême, bien enfant, et j'ai vu passer toute cette avalanche d'hommes, Français d'abord, puis Italiens, Suisses, Allemands, Polonais. L'opinion commune était que l'Espagne ne pourrait jamais résister à de telles troupes si nombreuses ; mon père lui-même, bien qu'ennemi du régime impérial, la partageait ; et il me souvient de paroles qu'il me semble que j'entends, et qu'à ce moment je ne comprenais guère, lui, exprimant cette opinion à un chirurgien espagnol prisonnier qu'il avait à sa table, et l'Espagnol répondant : Nous avons mis six cents ans à chasser les Maures.

Avec sa rapidité foudroyante, Napoléon accourut se mettre à la tête de son armée, traversa le Nord de la Péninsule, dispersa l'armée espagnole, enleva Madrid, puis, cela fait avec un grand fracas, quitta l'Espagne et n'y reparut plus. J'accorderai, si l'on veut, qu'il n'ait pu y reparaître en 1809, occupé qu'il fut par la guerre d'Autriche; mais il passa tout 1810 et tout 1811 dans son palais. Pourquoi cette inaction chez un homme si actif, qui, l'année d'avant, s'était précipité en Espagne, qui s'était élancé sur Vienne et sur le Danube, et qui allait, en 1812, entreprendre la lointaine expédition de Russie ? La raison en est manifeste : l'Espagne lui offrait un genre de guerre pour lequel il n'avait aucune aptitude. On l'a vu : ce qu'il savait faire avec une singulière supériorité, c'était de combiner une hardie et rapide offensive, et de frapper l'adversaire d'un coup irrémédiable ; et c'est ce qu'il venait d'exécuter victorieusement à Ratisbonne et à Wagram ; mais, pour cela, il fallait que cet adversaire ne se dérobât pas à l'offensive. Or, l'Espagne n'offrait ni Wagram, ni Iéna, ni Austerlitz à son envahisseur : partout l'insurrection, des bandes qui harcèlent l'ennemi, des troupes qui, vaincues, se rallient, des siéges qui ne finissent pas, puis, à côté, une armée anglaise solide, capable de porter les plus rudes coups; mais en même temps habile à refuser les conflits où elle n'a pas mis de son côté les chances. Que Napoléon ait été impuissant à mener une pareille guerre, le fait le prouve; pendant les années de 1810 et de 1811, où il fut en paix avec le reste de l'Europe, il employa vainement les immense forces de son empire, ses armées si vaillantes, ses maréchaux si renommés, à lutter contre les citadins et les paysans de l'Espagne, contre la petite armée de Wellington.

Presque dans le même moment où Napoléon se jetait sur Madrid, un officier anglais débarquait en Portugal avec une armée anglaise. Tandis que l'objet de Napoléon était de s'assujettir l'Espagne, l'objet de cet officier était de la défendre, et d'expulser *the french robbers*, comme dit Byron. Dans cette lutte qui a duré six ans, lequel a le mieux approprié les moyens aux circonstances ? Qu'est devenue l'offensive entre les mains de celui qui en avait pris le rôle ? Et que n'a pas fait la défensive entre les mains de celui qui en était chargé ? Partout et toujours la défensive fut supérieure à l'offensive. Cette défensive, Napoléon aurait été incapable de la concevoir et de l'exécuter s'il avait été à la place de Wellington (et il s'y trouva bientôt lors de ses revers), et il fut incapable de la briser et de la vaincre.

Nous venons de voir Napoléon, avec toutes les forces de son empire, avec des troupes dont le renom militaire était incomparable, avec des généraux dignes de ces troupes, guerroyant sans succès pendant deux ans, du fond de son palais, contre les armées tumultuaires de l'Espagne et les troupes de l'Angleterre. Tout à coup il se lasse de cette stérile occupation, et, tournant le dos à la Péninsule, il se lance dans l'extrême nord. Je n'examinerai point s'il fut sage, tandis qu'on était enfoncé vers le Tage et vers le Guadalquivir, d'aller s'enfoncer vers le Borysthène et la Moscowa ; je prends les faits tels qu'ils sont, et je le suis dans sa nouvelle entreprise.

Celle-là, il ne la confie pas à ses lieutenants, et il s'en charge lui-même. L'armée française borde le Niémen ; l'armée russe est de l'autre côté, commandée par Barclay de Tolly. La partie commence ; de quelle façon les deux adversaires vont-ils la jouer ? Rien de plus simple que d'en exposer et faire comprendre le nœud. L'armée française était notablement supérieure en nombre, pleine d'impétuosité, et conduite par un général qui savait frapper avec les masses les plus terribles coups ; tout lui faisait donc désirer une rencontre où se déciderait le sort de la guerre. Au contraire, l'armée russe était inférieure en nombre, la seule ressource de la patrie, de sorte que, mutilée dans quelque grande bataille, il ne serait plus resté à son empereur de défense contre le vainqueur. Cette situation commanda la stratégie des deux généraux : Napoléon chercha une bataille, Barclay l'évita. Dans ce duel redoutable, l'habile officier sera celui qui mènera à terme son plan. Si, par ses manœuvres, Napoléon force Barclay à recevoir le combat qu'il évite, il sera supérieur à son adversaire ; si, au contraire, par ses manœuvres Barclay échappe constamment à cette bataille tant poursuivie, c'est lui qui sera supérieur. Eh bien, trois fois, à Vilna, à Vitepsk, à Smolensk, Barclay échappa à l'immense et rapide armée que

Napoléon lançait sur lui; son adversaire déjoué s'était enfoncé dans la Russie, avait perdu hommes et chevaux, et l'armée russe, toujours intacte, lui présentait ses baïonnettes, incessamment prêtes à l'offensive dès que, pour une retraite que chaque pas en avant rendait plus périlleuse pour lui, Napoléon reprendrait le chemin si imprudemment parcouru. Donc, partout dans cette campagne, Barclay fut supérieur à Napoléon.

On sait que, dans ce plan, la bataille de la Moskowa est un simple accident, provoqué par l'orgueil russe, qui se lassa de cette longue et sage retraite, exigea la démission de Barclay et la nomination de Kutusof. Celui-ci choisit son terrain, éleva des ouvrages de campagne et attendit l'ennemi. C'était une faute ; mais, à cette distance, le coup porté par Napoléon fut faible, il n'obtint qu'un champ de bataille ; l'armée russe se remit en retraite, conservant son organisation et restant disponible pour la future et prochaine offensive. Les pertes furent énormes des deux côtés, plus du côté russe; mais avec cette différence décisive que, pour eux, elles allaient être réparées et au-delà par les recrues qui affluaient, tandis qu'elles étaient irréparables pour l'armée française, si éloignée de sa base d'opération.

C'était une singulière hallucination que celle qui conduisait Napoléon à Moscou, et qui, comme toutes les hallucinations, n'agissait que sur lui, chacun parmi ses entours s'alarmant de ce long voyage. En effet, il était clair que, dès qu'il serait à Moscou, il serait vaincu; car les Russes n'avaient plus qu'à refuser de négocier pour l'obliger à quitter cette ville où il ne pouvait rester, et à faire retraite jusqu'à ses cantonnements en Pologne. Cette retraite était une défaite ; non-seulement la campagne se trouvait manquée, mais encore elle se terminait par une longue marche rétrograde où l'on reculait devant les Russes qui poursuivaient. Établi dans le Kremlin, il écrivit pour traiter ; l'empereur Alexandre ne répondit même pas. Les Russes venaient de brûler leur capitale entre les mains de l'envahisseur, ce n'était certainement pas pour la racheter par un traité de paix. Leur ennemi s'était lui-même livré ; mais ce que, dans leurs rêves les plus enivrants, ils n'auraient jamais pu imaginer, c'est que cet ennemi prolongerait son séjour dans la ville incendiée, et qu'entré à Moscou le 14 septembre, il n'en sortirait que le 19 octobre. Par cette inconcevable délai de cinq semaines, il mit la retraite, qui était de quarante journées de marche, en plein hiver moscovite. On sait ce qui en arriva ; l'armée, accablé par le froid, manquant de vivres et d'habits, harcelées par les troupes russes auxquelles elle prêta constamment le flanc, périt tout entière ; il n'y a pas, dans l'histoire des armées appartenant aux puissantes nations de la civilisation, exemple d'un désastre pareil. Un militaire de haut caractère, un Alexandre, un César, un Frédéric II, s'il eût commis la faute d'aller à Moscou, se voyant vaincu par le seul fait de cette faute, n'eût plus songé qu'au salut des braves gens qui l'avaient suivi si loin, et, laissant les flammes consumer Moscou, il se fût hâté de prévenir l'hiver et de mettre son armée en sûreté. Mais l'obstination, qui se mutine follement contre les choses, retint Napoléon à Moscou jusqu'au moment où il ne put plus y demeurer. Cette particularité psychologique, nous la verrons reparaître à Leipsik et à Waterloo.

Ainsi Napoléon ne sut faire la guerre ni contre une nation insurgée qui se dérobait aux combinaisons stratégiques, ni contre un général qui, de parti pris, manœuvra pour le harasser et l'épuiser sans se compromettre ; car la défaite fut, non dans le désastre final qui fut produit par le dépit de l'impuissance et dont l'énormité absorba toute l'attention, mais dans cette marche de cent cinquante lieues où Barclay, conservant l'armée russe, usa l'armée française et ses moyens de guerre. On va voir qu'il ne sut pas davantage la faire, quand, attaqué à son tour, il lui fallut se défendre contre les ennemis qu'il avait soulevés.

Le désastre est accompli et nous voici en 1813. Bossuet dit du prince de Condé : « Le voyez-vous comme
« il considère tous les avantages
« qu'il peut ou donner ou prendre ?
« Avec quelle vivacité il se met dans
« l'esprit, en un moment, les temps,
« les lieux, les personnes, et non-
« seulement leurs intérêts et leurs
« talents, mais encore leurs hu-
« meurs et leurs caprices. Le voyez-
« vous comme il compte la cavalerie
« et l'infanterie des ennemis par le
« naturel des pays ou des princes
« confédérés ? Rien n'échappe à sa

« prévoyance. » Cette prévoyance que Bossuet loue dans le prince de Condé manqua à Napoléon. En apprenant que la Prusse se déclarait contre lui : « Elle a, dit-il, quatre « millions cinq cent mille âmes ; « elle pourra m'opposer quarante « mille hommes dans deux mois, et « jamais plus de soixante - quinze « mille ; c'est peu de chose » (Charras, *Guerre de 1813*, p. 310).) Eh ! bien, cette même Prusse, ainsi évaluée, avait, sous l'impulsion du patriotisme, porté en deux mois et demi son armée à cent trente mille hommes, soutenue deux mois plus [^1]

[^1]: C'est à cela que la Prusse avait été réduite après la défaite d'Iéna.

tard par cent vingt mille hommes de landwehr, en tout deux cent cinquante mille hommes (Charras, *ibid.*, p. 226).

Tout fut à l'avenant. Dans un langage qu'il enflait pour effrayer, Napoléon avait dit qu'il allait reparaître en Allemagne avec huit cent mille hommes; il y reparut avec trois cent mille. Pour les réunir il fit des prodiges d'habileté et d'activité; mais ces prodiges n'empêchèrent pas que cette armée ne fût nouvelle, sans cohésion, pleine de conscrits trop jeunes, avec une cavalerie insuffisante; sans autre mobile de guerre que la volonté de l'Empereur; de plus elle n'avait point de réserve derrière elle; perdue, il ne restait rien par quoi la France pût la remplacer; c'était, littéralement, le denier de la veuve; il fallait la ménager comme la suprême ressource; elle ne pouvait servir qu'à appuyer des négociations et à faire une paix honorable. Quel contraste chez les alliés! Une armée où les soldats aguerris abondent, une puissante cavalerie, l'impulsion d'un patriotisme enthousiaste, l'ardeur de volontaires, non de conscrits, l'appui moral de l'Europe entière, et les inépuisables réserves que préparait une population soulevée. Napoléon ne vit rien de tout cela; et, avec son armée débile contre une armée forte, il tenta à Lützen et à Bautzen ce qu'il avait tenté à Austerlitz et à Iéna. Lui demourait le même ; le reste était changé ; et, au lieu de victoires décisives, il ne conquit que de stériles champs de bataille.

Jusque-là neutre, l'Autriche n'avait pas encore pris parti ; mais elle avait poussé activement ses armements pour influer sur la paix si Napoléon se décidait à traiter, pour se joindre contre lui aux alliés s'il se refusait à tout accommodement. Napoléon s'y refusa : l'Autriche entra dans la coalition. La disproportion des forces, qui devint très grande, conseillait de renoncer à la guerre offensive. Napoléon n'entendit pas ce conseil. Mais des revers partiels, multipliés, mal compensés par la victoire de Dresde, lui firent sentir le danger qu'il courait; du moins j'ai entendu conter, il y a plus de quarante ans, à des gens bien informés, qu'à ce moment il forma le dessein de se retirer sur le Rhin, et qu'il dicta les ordres nécessaires pour ce mouvement; il annonça sa résolution au général Sébastiani qui entrait chez lui, et qui s'écria que cette nouvelle le soulageait d'un grand poids, que l'armée fondait, et qu'un désastre était à craindre. Bientôt après, tout changea, l'obstination impériale prévalut, et la bataille de Leipsik fut livrée. Cette bataille est de deux jours; le 16 octobre, le combat, très-sanglant, très-opiniâtre, demeura indécis; le 17, on se reposa, et dans ce repos l'armée alliée reçut de grands renforts, l'armée française n'en reçut aucun et fut détruite le 18. Le même mobile qui avait fait perdre le mois fatal de Moscou, fit perdre la fatale journée du 17 ; le désastre fut d'autant plus grand, que Napoléon combattit ayant deux rivières à dos ; l'armée vaincue ne put faire retraite ; trente ou quarante mille hommes furent pris dans Leipsik ; beaucoup se noyèrent dans l'Elster ou la Pleiss ; et Napoléon ne ramena sur le Rhin qu'un débris de ces trois cent mille hommes que six mois auparavant il avait lancés sur l'Allemagne en envahisseur.

Cette campagne de 1813 devait être racontée par M. de Charras. Le préambule seul en a été trouvé dans ses papiers, exposant la situation des débris revenus de Russie, l'enthousiaste soulèvement de la Prusse, la neutralité menaçante de l'Autriche, et la prodigieuse activité des préparatifs de Napoléon. Quelque pressé que je sois d'arriver rapidement au terme de cet enchaînement final de revers, je détache une page toute frémissante du patriotisme allemand, alors, aussi digne de louange que l'avait été le patriotisme français à l'aurore de la Révotion : « La Prusse n'était plus qu'un « camp : ici, les soldats, et, à leurs « côtés, les chasseurs volontaires, « les corps francs prêts à entrer en « ligne ; là, la landwehr organisant

« ses bataillons, ses escadrons ; et,
« en arrière d'elle, le landsturm
« amorçant le fusil du braconnier,
« aiguisant la faux du paysan. Les
« femmes à leur tour s'étaient for-
« mées en association : « au nom de
« la patrie en danger, » elles provo-
« quaient, recueillaient des dons de
« toute sorte, faisaient de la char-
« pie, cousaient la chemise qu'atten-
« dait le sac du chasseur volontaire
« et du chasseur noir... Sous l'in-
« fluence fécondante des grandes
« réformes entreprises par Stein et
« continuées par Hardenberg, sous
« l'action prolongée des sociétés se-
« crètes, sous les excès sans nombre
« de la tyrannie napoléonienne, un
« peuple nouveau était né, ou avait

« grandi sur le sol de la Prusse. Atta-
« ché à son roi qui avait appelé les
« ministres réformateurs, qui les
« avait soutenus contre les partisans
« des priviléges, ce peuple était pro-
« fondément agité, en même temps
« par les principes de liberté et de
« démocratie ; et là était sa force. Il
« ramassait le flambeau de la révo-
« lution éteint, foulé aux pieds par
« Napoléon, le rallumait et le se-
« couait en gerbes de feu sur l'Alle-
« magne. Aussi dévoué maintenant
« à la patrie qu'il l'était peu au mi-
« lieu des revers d'Iéna et d'Auers-
« tœdt, il est fanatiquement résolu
« à tout sacrifice pour elle, à périr
« jusqu'au dernier homme pour la
« sauver, pour l'affranchir. L'armée

« prussienne peut être vaincue, mais
« sa défaite ne mettra pas fin à la
« guerre. Il faudra vaincre aussi,
« terrasser, écraser le peuple prus-
« sien, qui est debout derrière elle.
« La lutte contre Napoléon prend
« en effet un caractère tout nou-
« veau, ce n'est plus avec lui que-
« relle de rois, mais querelle de
« peuples. A l'imitation des Fran-
« çais, dans leur ère héroïque, tout
« Prussien porte la cocarde noire et
« blanche, la cocarde nationale.
« C'est le signe d'un engagement
« pris par lui : cela signifie qu'il est
« prêt à s'armer du fusil qui échap-
« pera à la main du soldat frappé
« sous le drapeau, et que toute brè-
« che faite dans les rangs des défen-

« seurs de la patrie, sera immédia-
« tement réparée. Dégageons notre
« esprit des vieilles rancunes et des
vieilles haines. Rendons justice à
« tant de patriotisme, à tant de dé-
« vouement; et de l'exemple gran-
« diose que nous offre la Prusse à
« cette heure solennelle, sachons
« tirer cette leçon, déjà inscrite dans
« les annales de la France républi-
« caine, que l'amour de la patrie,
« quand il a été éteint au cœur des
« nations de notre âge par le privi-
« lége et le despotisme, se rallume
« au foyer de la liberté et de l'éga-
« lité. » (*La Guerre de* 1813 *en Allemagne*, p. 224).

Cette page, qui fait si bien deviner l'issue de la campagne de 1813, s'applique encore avec bien plus de vérité à la campagne de 1814, où l'ardeur des peuples n'est pas moindre, où les forces alliées sont accrues, où les forces françaises sont diminuées. La transformation de la défensive, que la nature de la situation imposait, en offensive par un génie qui ne connaissait que ce genre de guerre, punie en 1813 par la défaite, le fut encore plus vite en 1814; la campagne de 1813 avait duré six mois, la campagne de 1814 en dura deux. C'est l'habitude, du moins en France, de vanter beaucoup cette bien courte campagne. Soit; l'armée y fut certainement admirable; formée de la fin d'octobre à la fin de janvier, avec des débris de l'armée d'Allemagne (peu, car ce qui avait échappé au fer et au feu fut dévoré par le typhus), avec des dépôts de l'intérieur, avec des soldats de l'armée de l'Espagne (je les ai vus passer en charrettes de réquisition, c'étaient les chemins de fer du temps), avec la conscription anticipée, avec quelques gardes nationales, elle seconda héroïquement et sans faiblir un seul moment les plus hardies et les plus rapides évolutions de son chef. Lui, prompt et décisif comme aux beaux jours de sa carrière militaire, porta ses coups tantôt sur les Russes, tantôt sur les Prussiens, tantôt sur les Autrichiens, étonna plus d'une fois ses fiers ennemis, et réjouit Paris de la pompe de prisonniers défilant dans ses rues.

Mais à quoi tout cela pouvait-il aboutir? C'étaient de brillantes passes d'armes, et pas autre chose. Du moment qu'un plan défensif n'avait pas été fortement combiné, et qu'on y substituait un plan purement offensif, il était inévitable qu'en un temps assez court les grandes armées de l'Europe, appuyées par de fortes réserves, qui elles-mêmes avaient derrière elles les populations, l'emporteraient sur la petite armée française, que ne soutenaient aucunes réserves préparées. Offensivement, tout était inutile; défensivement, c'eût été autre chose; et quand, avec les documents du temps, on compare les parties belligérantes, on ne doute guère qu'un Turenne, je le nomme parce qu'il était à la fois hardi et prudent, capable de ténacité et d'impétuosité, aurait défendu Paris assez pour faire désirer aux alliés un traité de paix.

Et, dans ces moyens de défense, je compte pour beaucoup le patriotisme français, qui s'éveilla quand il vit le sol envahi. Ce que je dis pour 1814 qui finit, doit se dire pour 1815 qui commence. Dans ces deux années, on s'indigna du succès de l'étranger, on s'enorgueillit de la victorieuse défensive de la république, on craignit pour la révolution. Tout las de la guerre qu'il était, le peuple français n'eût pas hésité à engager sur le sol, pour une paix moins malheureuse que celle qui fut imposée, une lutte qui eût été dangereuse même à une coalition; les gardes nationales, les corps francs, les fédérés, la jeunesse, rien ne manquait. Mais le chef qui s'était emparé de ses destinées laissa tout retomber; et, dès lors, il fut certain que deux fois la France succomberait.

La durée des campagnes de Napoléon va toujours s'abrégeant; redoutable et parlante démonstration de l'irrationalité du système offensif là où la défensive la plus froidement combinée, la plus obstinée à disputer le temps et le lieu, la plus ménagère des ressources et des hommes, avait seule chance de réussir. La campagne de 1815 dura six jours; du 14 au 18 juin tout fut terminé. Ce qui entourait Napoléon lui avait représenté les évidents avantages de la défensive : l'accroissement continu des forces à mesure que l'on se fortifie et que l'on s'arme, la diminution des forces ennemies à mesure qu'elles s'éloignent de leur base, qu'elles masquent des places fortes, qu'elles sont harcelées sur leurs derrières, la difficulté à une coalition de s'entendre longtemps pour continuer une guerre qui serait disputée. Rien de tout cela ne changea sa résolution; et, en effet, on lui demandait de faire ce qu'il n'avait jamais fait. Il recommença donc, comme si rien n'était changé, sa stratégie, et alla attaquer l'ennemi sur le territoire ennemi.

Dans le récit tant controversé de la campagne de 1815, il faut un guide, nul ne vaut M. Charras. En militaire instruit, il a parcouru le terrain, reconnu les positions, mesuré les distances. Cela fait, il a consulté les pièces, les ordres, les lettres, les narrations ; il les a indiquées à leur date précise, et souvent à leur heure ; car, plus d'une fois, en des mouvements si rapides, l'heure est de suprême importance ; il a contrôlé ces documents l'un par l'autre, et n'en a usé qu'après en avoir apprécié la valeur. Dans l'histoire, les pièces authentiques sont l'équivalent des faits dans les sciences naturelles. M. Charras a été pleinement fidèle à cette règle ; aussi, son livre à la main, est-il possible de donner très-brièvement une idée tout à fait nette de ces terribles événements.

Quand Napoléon massa son armée sur la frontière de Belgique, prêt à ouvrir la campagne, cette armée était forte de 128,000 hommes; celle du duc de Wellington l'était de 95,000; et celle de Blücher, de 124,000. Le simple rapprochement de ces chiffres montre que, si l'armée française se heurtait sur un champ de bataille contre les deux armées réunies, elle succomberait sous la supériorité du nombre. Aussi la conception de Napoléon fut de manœuvrer tellement qu'il les combattît l'une après l'autre et fût chaque fois leur égal en nombre et leur supérieur en habileté; et on devrait la louer, si, comme il a déjà été dit ici, tout système offensif n'avait été, de soi, impraticable dans l'état de la France isolée et de l'Europe coalisée.

Ce qui rendait possible sa conception, c'est que les forces ennemies avaient deux généraux indépendants et deux cantonnements différents. L'opération réussit d'abord, sinon pleinement, du moins suffisamment. Le 14 juin la Belgique fut envahie, et le 16 l'armée prussienne était battue à Fleurus. Mais différentes circonstances empêchèrent que cette défaite ne mît pour longtemps les Prussiens hors de cause; la principale fut que Wellington, accourant en toute hâte au secours de son collègue, livra à Ney la sanglante bataille des Quatre-Bras. S'il eût tardé et que le corps de Ney fût demeuré disponible, il est probable que l'échec des Prussiens aurait été singulièrement grave.

Le 17, Napoléon, sur la fin de la journée, mettant à exécution la seconde partie de son plan, se porta de sa personne sur Wellington qui se retirait du côté de Bruxelles, et dirigea Grouchy sur Blücher qui se retirait du côté de Namur. Tout semblait succéder ; et cependant, dans le fait, tout était compromis et le danger devenait suprême. Il faut en effet passer de l'autre côté et voir ce qui y était advenu. Dans cette même journée du 17, Wellington occupait la position de Mont-Saint-Jean, en avant de Waterloo, position qu'il avait reconnue soigneusement depuis plusieurs semaines, résolu à recevoir la bataille, si Blücher lui assurait le concours de deux corps prussiens, comme il le lui avait fait demander dans la matinée. La réponse de son allié lui arriva le même jour, ainsi conçue : « J'irai vous rejoindre « non-seulement avec deux corps, « mais avec mon armée tout entière ; « et, si l'ennemi ne nous attaque pas « le 18, nous l'attaquerons ensemble « le 19 ». (*Campagne de* 1815, p. 288). Ainsi les généraux alliés avaient concerté la réunion de leurs forces sur un point choisi par Wellington, et mis ainsi de leur côté toutes les chances de victoire.

Le seul jour où l'armée prussienne, non encore remise de sa défaite de Fleurus, n'était pas disponible, est le 17; ce fut donc aussi, de toute nécessité, le seul jour où Napoléon pouvait trouver Wellington isolé, et obtenir sur lui un avantage semblable à celui qu'il avait obtenu sur les Prussiens. Passé cet unique jour, il allait se heurter contre des masses énormes, et rien, l'événement comme le raisonnement le prouve, rien n'était capable de sauver l'armée qu'il commandait. La bataille de Waterloo devait donc être livrée le 17; ce jour-là, Blücher n'y pouvait pas paraître. Il est difficile de décider si Napoléon perdit inutilement du temps et est responsable de ce retard gros d'un désastre, ou si les circonstances plus fortes que lui l'imposèrent; mais ce qui est apparent, c'est combien étroit fut l'intervalle que lui laissa son irrationnelle offensive. Il n'eut que pendant vingt-quatre heures l'opportunité d'échapper à son destin; ces vingt-quatre heures perdues, tout fut perdu.

L'imprévu, qui joue un si grand rôle dans les affaires humaines et surtout dans les affaires de guerre, trompa, en partie, l'attente de Wellington et la promesse de Blücher. L'armée prussienne n'eut, sur le champ de bataille de Waterloo son premier corps qu'à quatre heures de l'après-midi, et le gros de ses forces à sept heures et demie. Donc, pour combattre Wellington isolé, il aurait fallu que l'affaire eût été finie avant quatre heures. C'est le même raisonnement que pour la journée du 17. Commencée à la pointe du jour, la bataille de Waterloo aurait pu être terminée avant les Prussiens; mais, commencée à onze heures et demie, le retard des Prussiens ne servit de rien à Napoléon.

M. Charras, parlant des derniers moments de la bataille, dit que Napoléon aurait dû employer les bataillons de la garde qui lui restaient et qui formaient son unique réserve, à dégager, à ramener sa cavalerie épuisée, et tout disposer pour battre en retraite, pour se replier en ordre (p. 623). Ce parti était commandé dès que le mouvement des Prussiens se prononça ; leur arrivée rendait désormais impossible le gain de la bataille ; et on ne devait plus songer qu'au salut de l'armée ; mais l'obstination dans la faute l'emporta comme à Moscou, comme à Leipsik ; et, comme en Russie et à Leipsik, il produisit un désastre sans nom.

On a accusé Grouchy de n'avoir pas paru sur le champ de bataille. Mais ce reproche ne peut se soutenir. M. Charras (p. 666) rapporte les dispositions de marche que Blücher prit le 18 *à la pointe du jour*, pour acheminer son armée sur Waterloo ; et cependant il n'y arriva qu'à quatre heures du soir, et à sept heures et demie. Or Grouchy, qui n'avait aucun ordre de Napoléon pour prendre part à la bataille du 18, et qui ne put y songer qu'à *midi passé*, quand il entendit les éclats du canon, serait certainement arrivé bien après Blücher, qui exécutait un plan arrêté d'avance, et qui organisait son mouvement plusieurs heures avant lui. Cela réfute tous les raisonnements hypothétiques.

M. Charras dit : « Que Napoléon
« ait été un capitaine expérimenté,
« un capitaine de premier ordre, un
« capitaine de génie, cela n'est pas
« en question ; mais nous croyons, et
« bien d'autres croient avec nous,
« que déjà, avant la campagne de

« Belgique, son génie avait baissé,
« était devenu au moins fort inégal,
« que, dans cette campagne même,
« il n'eut que des éclairs ; et que son
« caractère, comme son activité, fût
« en continuelle défaillance » (p. 614).
Je ne cite point ce passage pour y
contredire, et le génie militaire de
Napoléon est incontestable. Mais,
dans le génie même, il est plusieurs
degrés, et la marque de celui de Napoléon est de conduire supérieurement l'attaque, sans savoir également
conduire la défense.

M. Charras a fait, entre Napoléon
et Wellington, un parallèle succinct
qu'il vaut la peine de citer : « La
« différence était grande entre le
« général anglais et Napoléon ; mais

« elle l'était beaucoup moins que
« celui-ci ne se l'imaginait, et que,
« longtemps, on l'a cru dans notre
« pays abusé par des mensonges.
« L'un avait le génie de la guerre à
« la plus haute puissance ; mais la
« politique insensée de l'empereur
« altérait, troublait les conceptions
« merveilleuses du stratége ; et l'é-
« nergie, l'activité physique faisaient
« souvent défaut aux nécessités dé-
« vorantes, aux durs labeurs de la
« guerre. L'autre n'était qu'un géné-
« ral de talent, mais d'un talent si
« complet, enté sur de si fortes qua-
« lités, qu'il atteignait presqu'au gé-
« nie. Doué d'un bon sens extrême ;
« politique profond ; religieux ob-
« servateur des lois de son pays ;

« excellent appréciateur des hom-
« mes ; instruit à fond de tout ce qui
« constitue la science et le métier
« des armes ; faisant parfois des
« fautes, mais sachant ne pas s'y
« obstiner après les avoir reconnues ;
« soigneux du bien-être de ses sol-
« dats, ménager de leur sang ; dur
« au désordre ; impitoyable aux dé-
« prédateurs ; habile à concevoir et
« à exécuter ; prudent ou hardi,
« temporisateur ou actif suivant la
« circonstance ; inébranlable dans
« la mauvaise fortune ; rebelle aux
« enivrements du succès ; âme de
« fer dans un corps de fer, Welling-
« ton, avec une petite armée, avait
« fait de grandes choses ; et cette
« armée était son ouvrage. Il devait

« rester et il restera une des grandes
« figures militaires de ce siècle. Né
« en 1769, il avait quarante-six ans,
« l'âge de Napoléon » (p. 86).

Malgré ma profonde déférence pour M. Charras, je ne puis ici me ranger à son avis, et la différence me paraît être en faveur non de Napoléon, mais de Wellington. Je n'aurais aucun plaisir à repasser, même brièvement, la carrière du général anglais, ni à rappeler que, par exemple, le triomphe de Vittoria sur les Français n'a rien à envier, en hardiesse, en combinaison et en résultat, au triomphe d'Iéna sur les Prussiens. Pour me décider, il me suffit de savoir que Wellington fut au niveau de toutes situations militaires tandis que Napoléon ne fût au niveau que de quelques-unes. Là, il brilla; dans les autres il s'éclipsa. Au métier de la guerre, le *talent*, qui est égal à toutes les tâches l'emporte sur le *génie* qui ne sait faire qu'une moitié des choses. Les achèvements militaires ne sont pas de même nature que ceux des lettres ou des beaux-arts; il importe peu que Corneille ait fait *Agésilas* après avoir fait *le Cid*; mais il importe beaucoup que Napoléon, après avoir gagné Austerlitz et Iéna, ait perdu Leipsik et Waterloo. L'événement, qui est un juge douteux quand il est seul, prend une force irrésistible quand il est confirmé par la critique rigoureuse des faits; et, si les Perses et les Grecs coalisés avaient mis par deux fois Alexandre, à Naxos et à Délos, cet Alexandre-là, eût-il gagné la bataille d'Arbelles, serait beaucoup au-dessous de celui dont l'histoire a gardé le souvenir.

Manzoni, dans son ode célèbre sur le 5 mai, dit que Napoléon fut l'objet *d'inestinguibil odio e d'indomato amor*. La *haine inextinguible* fut chez les peuples coalisés, *l'amour indompté* fut chez le peuple français.

Quand les nations eurent subi longuement les guerres, les vexations, les violences, l'oppression, l'orgueil de la domination impériale, et qu'il n'y eut plus pour elles espérance de paix, d'indépendance et de liberté; alors il se forma un terrible orage de ressentiments populaires. Elles chassèrent Napoléon de chez elles et le poursuivirent chez lui ; même en 1815, quand il fit des protestations pacifiques, elles ne les écoutèrent pas et elles le précipitèrent une seconde fois du trône. Depuis, ces grandes inimitiés se sont nécessairement refroidies ; les peuples coalisés avaient eu la gloire des décisives victoires, et, ce qui est bien préférable, l'honneur d'avoir donné à l'Europe une paix qui fut de longue durée. Toutefois, l'Allemagne frémit encore, au souvenir de l'ère impériale

Le spectacle est tout différent du côté de la France. Non-seulement l'obstination à défendre Napoléon lutta contre l'obstination à l'attaquer; mais, quand il eut été renversé, son souvenir demeura vif et puissant. Je sais qu'on a attribué cette persistance des souvenirs à la polémique des libéraux qui, pour combattre la Restauration, exaltèrent l'Empire. Je ne nierai pas l'action de tout ce qui fut fait alors, mais je dirai que ce fut plutôt un symptôme qu'une cause; et j'en trouve la preuve dans le retour de l'île d'Elbe, qui fut si victorieux, à un moment où l'apothéose n'avait encore été inaugurée ni par les publicistes, ni par les chansonniers, ni par les poëtes. Deux autres grandes manifestations ont suivi ; c'est en 1840 l'impression produite par la rentrée des cendres de Napoléon, et en 1848 la nomination, à la présidence, du prince qui est aujourd'hui empereur. J'appellerai populaires ces trois manifestations dans le sens restreint du mot; car, bien que des actes aussi considérables soient nécessairement très-complexes, ceux-ci appartiennent plus à la classe des paysans et des ouvriers qu'à celle des bourgeois.

Comment se fait-il qu'il y ait un si grand écart entre le sentiment du reste de l'Europe et celui du populaire français? Comment se fait-il que ce populaire lui-même, dont le sang a été versé avec tant de profusion, ait gardé un attachement qui a survécu à beaucoup d'années et à beaucoup de circonstances? Serait-ce l'enivrement des succès militaires ? ils ont été grands sans doute; mais les revers l'ont été encore plus; et, bien que la légende populaire ait supposé d'imaginaires trahisons pour les expliquer, elle n'a pu les écarter de l'histoire de son héros.

Si la figure historique de Napoléon n'était pas double, je veux dire, si, en même temps qu'il était, de par les événements, le représentant et le directeur de la révolution, il n'en avait été, de par sa nature propre, l'adversaire et le compresseur, l'attachement du populaire français pour son nom ne serait l'objet d'aucune controverse. Mais que dire, quand, sous une même enveloppe, sont enfermés un nom et une chose qui se contredisent? C'est une anomalie étrange et qui a troublé profondément la direction des opinions, que le grand chef de la révolution française ait été mû par des impulsions et des principes qui appartiennent bien plus au régime ancien qu'au régime nouveau.

J'ai rappelé des faits éclatants qui ont montré l'entraînement du populaire français vers Napoléon et vers ses souvenirs. Mais il faut aussi rappeler un fait antérieur encore plus éclatant, c'est l'adhésion inébranlable que ce même populaire, au milieu des plus périlleuses circonstances, donna à la grande révolution. Sans lui, elle aurait succombé comme une entreprise prématurée et éphémère; avec lui, elle s'installa puissamment, et devint une ère pour le monde moderne. Sans doute il y eut des déchirements, et certaines provinces protestèrent contre les nouveautés. Mais le gros du peuple en avait été pénétré; et ce ne fut ni hasard, ni caprice; tout un âge de liberté de penser, de science, de philosophie, de tolérance, d'humanité avait agi sur les esprits et sur les cœurs; si bien qu'au bout de cet âge le XVIII° siècle se fit France !

Puis, d'époque en époque, ce même populaire n'a rien démenti du passé ni en 1830 ni en 1848. Bien plus, comme la Révolution est une œuvre commencée, non une œuvre finie, il a pris, dans l'orageux développement, sa part sous le nom de socialisme.

Ainsi le temps n'a point travaillé à l'encontre de l'impulsion primitive; loin de là, il l'a prolongée et consacrée. Mais, si, par l'effet de la double nature de Napoléon, la situation devint si étrange, que l'Europe coalisée marcha contre la France au nom des principes mêmes dont la France avait voulu faire le droit des sociétés, il est certain que cette complexité n'a point été dissipée par les péripéties qui ont suivi; car les suffrages du populaire français ont sanctionné, par indivis, et les souvenirs de l'homme, qui, représentant la révolution, s'appellerait un *bleu*, dans le langage de nos provinces de l'Ouest, et de l'homme qui, avec le plus de persévérance et de force, avait combatu la révolution, ses principes politiques et sociaux, sa libre pensée et son expansion fraternelle et pacifique.

Évidemment, une situation si ambiguë n'est pas destinée à se perpétuer; et l'un des deux éléments se dégagera de l'autre. Pour reconnaître lequel ce sera, il suffit de se rappeler que ce qu'il y eut, dans la révolution, d'action immédiate ou d'action future sur les destinées sociales, a été le produit du savoir humain accumulé à la fin du xviiie siècle. Là est la cause, le soutien permanent et la force expansive de ce grand événement. Ai-je besoin de dire que, depuis, ce savoir s'est beaucoup agrandi et fortifié, et que, comme toujours, il prête son appui silencieux, mais indestructible, à ce qui a été fait, et ses lumières à ce qui doit se faire? Sans doute la démocratie qui partout entre davantage dans la gestion des choses publiques, apporte des éléments insuffisamment préparés par l'éducation; mais cela, qui rend la situation plus complexe, n'en change aucunement la solution définitive.

Le temps présent est donné pour la discussion. L'esprit public flotte entre les vieilles doctrines qui se défendent, et les nouvelles qui prennent leur part au soleil. Notre doctrine à nous est de montrer la liaison nécessaire qui fait dépendre les mouvements sociaux de l'ensemble du savoir positif de l'humanité. Ce savoir positif a une marche ascendante et déterminée; comment donc une marche déterminée et ascendante n'appartiendrait-elle pas aux mouvements sociaux?

DEUXIÈME PARTIE

On peut dire que l'ère de la Révolution se clôt à la rupture de la paix d'Amiens, et que là commence l'ère impériale. Dans le conflit qu'avait suscité l'audacieuse et terrible république de 93, les peuples européens n'avaient appuyé d'aucun élan leurs gouvernements; les armées seules avaient obéi et marché; et, quelque nombreuses et quelque aguerries que fussent ces armées, elles avaient été vaincues par les milices révolutionnaires. Aux malheurs qui avaient accompagné ces faits de guerre, de notables compensations s'étaient jointes; et, en somme, à mesure que se dissipaient les fumées de la poudre, les peuples acceptaient les nouvelles conditions européennes, nos succès qui ne les effrayaient pas, leurs revers qui ne les contristaient pas. Des traités étaient intervenus avec plusieurs des puissances coalisées, la Prusse par exemple et l'Espagne; et l'aboutissement naturel de la situation fut la paix d'Amiens.

Æstuat infelix, angusto in limite mundi celui que je n'appellerai pas un autre Alexandre, car Alexandre n'a pas fini deux fois captif de Darius. Au lieu de consolider et de développer le nouvel ordre de choses qui était la paix et la liberté, comme malheureusement le coup d'Etat lui avait remis une puissance illimitée, il obéit sans contrôle à son esprit profondément rétrograde, qui lui inspira la guerre et le pouvoir absolu ; inspiration la plus antipathique à la situation, la plus funeste à l'Europe, y compris la France, la plus ruineuse à lui-même ; l'événement l'a fait voir amplement. Aussitôt il se mit à l'œuvre ; et son premier acte fut de rompre le traité d'Amiens, et de s'aller poster sur les plages de Boulogne pour menacer de là l'Angleterre. Il y resta longtemps, attendant son succès d'un hasard de vents, de brouillards et de réunion de vaisseaux ; hasard qui ne vint pas.

Son impuissance de ce côté l'engagea dans une autre voie : ce fut de faire la guerre au continent, et, finalement, de vouloir, à mesure des succès, le conquérir et l'incorporer en une monarchie gigantesque. La vérité est qu'il entrait dans une route sans issue. Pour faire la guerre à l'Angleterre avec des chances de succès, il fallait avoir l'amitié, au moins la neutralité du continent; mais guerroyer contre le continent en laissant sur son flanc l'Angleterre reconnue inattaquable dans les conditions d'alors, c'était sûrement jeter tous les peuples l'un après l'autre dans les bras de cette puissance, qui, quelle que fût son ambition personnelle et son égoïsme, devenait la protectrice de l'indépendance universelle. Aussi, dès que la faute impériale eut été commise, elle se sentit maîtresse de la situation, et, quand l'Espagne fut envahie par les Français, sûre du succès définitif.

D'abord tout réussit merveilleusement. Du côté de l'empereur, des troupes incomparables, aguerries et pourtant jeunes, et chez qui l'esprit militaire se ressentait encore de l'esprit républicain, en un mot une des plus formid   armées qui aient jamais été à la disposition d'un conquérant ; du côté des adversaires, des armées vaillantes sans doute, mais que rien n'avait rajeunies, et des chefs qui se présentaient au combat dans la position la plus favorable aux combinaisons offensives où leur ennemi excellait. L'événement fut ce qu'il devait être : l'Autriche fut vaincue, la Prusse et l'Allemagne, écrasées, et la Russie même apprit à Friedland qu'elle n'était pas à l'abri de coups portés avec tant de hardiesse et de vigueur. Tout se tut sur le continent. L Allemagne resta un moment confondue ; l'empereur Russe admira et flatta l'heureux vainqueur ; l'Espagne qui donnait ses soldats et ses vaisseaux, ressentit plus que jamais une sympathique et respectueuse admiration pour le chef de la France.

A ce point de victoire et de puissance que faire? Évidemment, le même dilemne qui s'était posé avant la rupture de la paix d'Amiens, se posait encore avant la rupture de ce que j'appellerai la paix de Tilsitt, pour spécifier la tranquillité rendue un moment au continent : il fallait ou devenir modéré, prudent, juste, éclairé, en un mot de son temps et de son siècle; ou bien pousser à bout l'œuvre et entreprendre définitivement la conquête du continent. On comprend que celui que la France n'avait pas satisfait, ne se contenta pas d'y avoir ajouté l'Allemagne sous un nom ou sous un autre ; mais, dans cette voie désormais fatale et déplorable, une détestable pensée intervint, ce fut, à l'égard de l'Espagne, la pensée d'une trahison renouvelée des brigandeaux italiens du xvi° siècle. Là l'attendait le destin vengeur ; à l'instant tout changea ; les peuples s'éveillèrent d'un bout de l'Europe à l'autre, et une haine implacable et ardente réunit, en un complot d'affranchissement, ce qu'il y avait de patriotes du Guadalquivir à l'Oder.

On se rappelle, il y a peu d'années, la lugubre impression que produisit la correspondance publiée de l'empereur Napoléon, quand on y vit tant d'ordres impitoyables et sanguinaires, tant d'exécutions individuelles ou collectives sur des gens dont tout le crime était de n'être pas satisfaits de la domination impériale. Eh! bien, que par la pensée on remette tout cela en action; qu'on se représente les mille tyrannies de la soldatesque dans les passages et dans l'occupation, l'indépendance des nations foulée aux pieds, toute liberté étouffée, les rois menacés aussi bien que les peuples, et l'on aura une idée des ressentiments qui s'accumulèrent de 1808 à 1812 et qui éclatèrent avec une force irrésistible en 1813. L'empereur Napoléon à ce moment n'avait plus un seul partisan en Europe; et, chose impossible à imaginer, si elle n'était parfaitement réelle, dans ce soulèvement universel de l'opinion européenne, peuples et rois, d'ordinaire si divisés depuis la révolution française, s'entendaient et se coalisaient.

Alors apparut combien est caduque même une excessive puissance, quand elle travaille contre les honnêtes tendances des sociétés. Il suffit de l'intervalle compris entre le premier janvier 1813 et le 30 mars 1814, pour renverser le colosse qui opprimait l'Europe. Ce fut un entraînement. L'Espagne rejeta les envahisseurs au delà des Pyrénées, l'Allemagne au delà du Rhin. La Hollande, au cri de vive Orange! se détacha de cet empire que, peu de mois auparavant, le sénat avait misérablement déclaré indivisible; la Suisse ouvrit ses passages à la coalition; l'Italie ne regretta point les aigles impériales; même la Belgique fut heureuse[1] de la rupture d'une union qu'elle avait pu accepter avec la France républicaine, mais qui était intolérable avec la France impériale. Derrière ce vaste mouvement apparaissaient l'Angleterre et la Russie qui recueillaient la reconnaissance des peuples affranchis.

[1] On le vit bien l'année suivante, dans la campagne de 1815 où les corps belges combattirent avec beaucoup d'énergie contre les troupes impériales. Lisez dans Charras les émouvants détails qu'il donne sur la rencontre ennemie d'hommes qui, peu auparavant, servaient à côté les uns des autres (*Histoire de la campagne de 1815*, 4ᵉ édition, p. 187.)

Qui l'eût dit, hommes de 89 et de la grande révolution?

Voulez-vous encore, par un autre côté, apprécier l'influence de la politique impériale ; considérez en 1813 d'une part le soldat français, de l'autre le soldat espagnol et allemand. Le conscrit français est un homme très-jeune, au-dessous même de l'âge de la conscription, qu'on a arraché à ses foyers pour l'entraîner en des guerres qu'il entend maudire de toutes parts autour de lui ; s'il habite un pays difficile, il se fait réfractaire; et, pendant que tous ses voisins le protégent par leur connivence, le préfet fait assiéger sa cabane, son père, sa mère, d'insolents garnisaires. Une fois arrivé sous le drapeau et saisi par la discipline et l'instinct militaire, si on lui demandait pourquoi il vient tuer des Espagnols et des Allemands, il répondrait que c'est pour complaire à son empereur; et ni lui ni personne n'en pourrait donner aucune autre raison. Au contraire, l'Espagnol et l'Allemand sont volontaires, ou, quand ils ne le sont pas, ils sont animés du souffle qui fait les volontaires; une opinion publique ardente le rend ardent; et, si on lui demande ce qu'il va faire de ses armes, il dira qu'il défend ses champs, ses parents, sa patrie; et même plus d'un fera retentir le mot de liberté. Que dire et que faire contre cette force, contre cette multitude, contre ces aspirations?

Je ne connais pas de plus grave jugement que celui qui fut ainsi prononcé par l'Europe contre Napoléon. Plaidée devant l'opinion publique, la cause fut perdue politiquement à l'unanimité; plaidée à coups de canon sur les champs de bataille, elle fut perdue militairement. Le colosse tomba, l'Europe respira; et les haines internationales s'amortirent, de manière à laisser entrevoir dans un temps à venir une vraie paix européenne. Quinze ans avaient été non-seulement perdus, mais employés en désastres réciproques. C'est ainsi que les guerres impériales avaient été des guerres de civilisation.

Mais peut-être que, les temps ayant

marché, les passions contemporaines s'étant calmées et les événements s'étant développés, l'issue des choses a témoigné en faveur de la politique absolutiste et conquérante qui fut la pensée du règne de Napoléon. En aucune façon, et le verdict prononcé alors n'a cessé d'être ratifié par l'évolution qui a suivi. Tout a concouru dès lors comme tout concourt à prouver que la politique qui entretient la paix favorise le commerce et l'industrie, développe la liberté et ouvre l'issue à la réformation progressive des sociétés, est la seule qui soit d'accord avec nos tendances modernes telles que les a faites le progrès du savoir positif tant particulier que général.

Je viens de dire quel ouragan de haines se forma et se déchaîna contre lui. Eh bien, ces haines formidables, ou bien il les a ignorées, ce qui est un misérable aveuglement, ou bien, s'il ne les a pas ignorées, il n'en a tenu nul compte comme de forces qui, n'étant pas sujettes à la conscription et à l'enrégimentement, n'étaient dignes d'aucune considération. Quand, au commencement de 1813, il apprit que la Prusse rompait l'alliance qui avait été imposée et lui déclarait la guerre, il prit la carte, et, la voyant réduite, et telle qu'il l'avait faite : « Quatre millions d'habitants, dit-il, c'est quarante mille hommes de troupes. » L'événement au bout de quelques semaines allait lui donner un rude démenti. Bossuet, expliquant les qualités militaires du prince de Condé, dit : « Le « voyez-vous comme il considère « tous les avantages qu'il peut ou « donner ou prendre, avec quelle « vivacité il se met dans l'esprit, en « un moment, les temps, les lieux, « les personnes, et non-seulement « leurs intérêts et leurs talents, mais « encore leurs humeurs et leurs caprices?... rien n'échappe à sa prévoyance. » Il échappa à la prévoyance de Napoléon, de compter ce nouvel et terrible adversaire, les peuples soulevés et irrités.

Cette cécité moitié volontaire, moitié involontaire, se liait, chez Napoléon enivré d'empire, à une disposition puérile [qui l'empêchait de prendre, même en présence des plus urgentes nécessités, un parti qui le contrariait. Puis, quand la force des choses avait triomphé anéantissant sa chétive opposition, il demeurait sans ressources; et, du plus décidé des hommes dans la prospérité, il devenait le plus faible dans l'adversité. C'est ainsi que, vaincu, il abandonnait son armée et accourait à Paris demander des hommes et de l'argent. Cela, il le fit après le désastre de Russie, après celui de Leipsik, après celui de Waterloo.

Le plus frappant exemple de cette obstination contre la force et l'évidence des choses, est ce désastre même de Russie que je viens de rappeler. Il était, malgré l'avis de ses principaux officiers, arrivé jusqu'à Moscou, voulant absolument que, pour prix de cette ville conquise, les Russes lui demandassent la paix. Au lieu de rien demander, ils brûlent leur capitale et gardent un obstiné silence. Mais lui, que fait-il? il s'attache à sa vaine conquête, il y passe six funestes semaines, et met la retraite en plein hiver. En plein hiver, entendez-le bien, vingt-cinq degrés de froid, une marche rétrograde et prêtant le flanc pendant quarante jours, point de vivres, point d'habillements, sur une route déjà saccagée en allant et qui n'offrait plus rien en revenant! Ici il ne s'agit plus de stratégie ou de tactique, de plan ou de combinaison ; le moindre bon sens avertit de ne pas exposer les hommes à l'hiver moscovite. Mais, contrarié de l'insuccès définitif de sa pointe téméraire, il s'entête de semaine en semaine, et quitte Moscou, non chassé par un retour de raison, mais par la chute des premières neiges.

De ce déplorable entêtement, Waterloo est le non moins déplorable pendant. Je ne parle point de Grouchy et de la discussion passionnée à laquelle la conduite du maréchal donna lieu ; Charras l'a terminée en montrant, avec des pièces et des documents authentiques, que Blücher était attendu sur le champ de bataille par Wellington, que les deux généraux s'étaient vus, s'étaient concertés et s'y étaient donné rendez-vous, mais que Grouchy n'y était pas attendu par Napoléon, vu qu'aucun ordre ne lui avait été donné pour s'y rendre, et que l'empereur et son lieutenant n'avaient concerté aucune manœuvre de ce genre. Laissons cela : je veux considérer la bataille en elle-même et y faire voir le même esprit qui inspira les mortels retards de la retraite de Russie, et qui ne fut pas moins funeste à notre armée de 1815 ; car il faut, par des chiffres, se faire une idée du désastre : l'armée comptait, le matin du 18 juin, 72,000 hommes, et le 26, une situation sommaire qui est dans Charras, p. 450, porte le chiffre des hommes ralliés à 29,000. Ainsi 33,000 hommes étaient tués, blessés, pris ou dispersés. Quant à la responsabilité propre à l'empereur, le nœud en gît dans l'arrivée, en trois fois, de l'armée prussienne, permettant à chaque fois de reconsidérer la position et de se décider suivant les occurrences. Il était une heure, la bataille était engagée depuis midi environ, quand on aperçut de l'infanterie prussienne qui marchait contre notre aile droite. Pour ne laisser aucun doute sur l'immense gravité de cet incident, le hasard voulut qu'on prît un hussard prussien porteur d'une lettre de Blücher à Wellington, et annonçant l'approche d'un corps de trente mille hommes.

A une aussi certaine nouvelle, il ne restait à opposer qu'une seule détermination, celle d'interrompre la bataille et de battre en retraite. A ce moment, la retraite était sans péril, le gros des Prussiens était encore loin, Wellington ne serait pas descendu de ses positions, dont la force entrait dans son plan quand il accepta la bataille. A la vérité, la campagne offensive était manquée, mais la campagne défensive restait toujours ouverte, et l'armée était sauvée. Ce salut, Napoléon le sacrifia à l'impatience de reconnaître qu'il fallait changer tous ses plans; il détacha des troupes pour arrêter l'avant-garde prussienne, et continua affaibli de dix mille hommes.

Tel fut le premier avertissement. Le second fut donné trois heures plus tard, quand, à quatre heures et demie, apparut le corps tout entier de Bülow. S'il avait été sage de battre en retraite au premier avertissement, il était urgent de s'y résoudre au second. Cette manœuvre était devenue difficile, mais non impossible ; tout était encore intact, et l'armée aurait exécuté, non sans regrets, mais avec une ferme obéissance, ce que son chef lui aurait commandé. Son chef lui commanda de continuer une lutte qui, de moment en moment, était plus inégale et plus désespérée.

Le troisième et solennel avertissement fut à huit heures ; alors une nouvelle masse de Prussiens vint prendre l'armée en flanc et à revers. Napoléon n'avait plus une seule réserve, sauf quelques mille hommes de garde impériale; le péril était immense; mais peut-être qu'en employant ce corps d'élite à la défensive, on aurait pu prévenir les derniers malheurs; non, on l'employa à une attaque sur les Anglais, qui échoua. Le résultat, quel Français voudrait le raconter?

Ainsi, deux fois certainement, et une fois douteusement, il a pu, non pas gagner la bataille, mais sauver l'armée; et il ne l'a pas fait. En cela rien ne peut être imputé à Grouchy. Celui qui étudiera la campagne de 1813, trouvera semblablement que la même misérable disposition a produit l'effroyable catastrophe de Leipsik. Plusieurs semaines avant cette journée, il était évident, même pour Napoléon, qu'il n'y avait plus de salut que dans une retraite sur le Rhin. Il marcha pourtant non sur le Rhin, mais sur l'Elster, et là, dans un conflit qui dura deux jours, avec vingt-quatre heures d'intervalle, ayant échoué dans son attaque du premier jour, il ne profita pas de l'intervalle pour soustraire son armée à une lutte désormais sans espoir, puisque, dans cet intervalle même, l'ennemi avait reçu d'énormes renforts, et que lui n'avait rien reçu.

On a dit, pour le grandir ou pour l'excuser, que c'était César risquant sur une barque toute sa fortune (SÉGUR. *Histoire de Napoléon*, IX, 14). Certes, je n'ai aucune partialité pour l'homme qui eut le triste honneur d'être le père et le fondateur de ce misérable régime nommé l'empire romain; mais jamais comparaison ne fut plus malheureuse pour celui qu'on veut relever. Quand César se jette dans une barque sur une mer irritée pour aller chercher des secours qui tardent, il n'expose que sa personne et sauve son armée. Quand Napoléon risque tout à Moscou, à Leipsick, à Waterloo, il sacrifie son armée, et ne sauve que son orgueil.

Frédéric II, à la veille d'une journée qui pouvait être son Waterloo, prit froidement son parti, et, après avoir tout fait pour mettre la victoire de son côté, annonça en des vers célèbres qu'en cas de défaite *il mourrait en roi*. Devant une semblable nécessité, Napoléon a choisi la vie et la captivité. Byron a qualifié ce choix *d'ignoblement brave*. Je n'interviens pas dans cette décision; à ces moments suprêmes, chacun prend dans son cœur la règle de sa conduite. Le voilà donc à Sainte-Hélène, et là, soudainement, sans autre transition que d'une haute fortune à un profond malheur, nous le voyons devenir libéral et faire leçons de liberté aux rois, qui en avaient, j'en conviens, besoin. Triste comédie! Ce n'était pas à Sainte-Hélène, c'était aux Tuileries qu'il fallait compter la liberté pour quelque chose. On sait combien ses plaintes retentirent à travers les mers sur l'insolence et la dureté de son geôlier; on sait aussi, depuis que sa voix n'a plus été la seule qui ait été entendue, qu'il avait constamment montré l'esprit de tracasserie au lieu de la stoïque résignation qu'exigeait son infortune, et qu'en définitive on ne lui avait guère infligé que les précautions que commandait la crainte d'une évasion renouvelée de l'île d'Elbe. Mais ce qu'on ne savait pas tout récemment encore, c'est que lui-même, au temps de sa souveraine puissance, avait été un geôlier bien plus ingénieux à tourmenter que n'avait jamais été Hudson Lowe.

Quand j'eus lu dans M. d'Haussonville les raffinements de geôle exercés par l'impérial porte-clefs contre un vieillard dont il s'était saisi, sans avoir même le droit de la guerre, je perdis toute pitié de la captivité de Sainte-Hélène, et je ne pourrais bien exprimer quel dégoût moral j'ai ressenti pour les cruelles petitesses de la toute-puissance. Hudson Lowe n'en a pas fait autant, il s'en faut, et, si, il n'était pas empereur.

Napoléon, revenant en 1815 de l'île d'Elbe, data du golfe Juan, le 1ᵉʳ mars, une proclamation où on lisait ces lignes : « La défection du « duc de Castiglione livra Lyon sans « défense à nos ennemis... la trahi- « son du duc de Raguse livra la ca-

« pitale. » Or, Augereau avait été faible, maladroit, mais il n'avait nullement trahi, et la défense de Paris par Marmont et Mortier est, à coup sûr, un fait d'armes des plus glorieux de notre histoire, et d'autant plus glorieux, que les deux maréchaux combattirent livrés à eux-mêmes, abandonnés par le gouvernement tout entier, y compris Joseph Bonaparte. Je n'aime pas une calomnie, même impériale.

On a dit que Napoléon avait péri plus par ses fautes politiques que par ses fautes militaires. Certes, les fautes politiques ont été énormes, puisqu'elles ont coalisé contre lui tous les peuples et tous les rois de l'Europe en une cause commune;

mais les fautes militaires n'ont pas été moindres. Quand les peuples furent poussés enfin au combat par l'amour de la patrie et de la liberté, il eût fallu, pour leur résister, plier aux nouvelles conditions de la guerre un génie qui n'avait à sa disposition qu'un ordre de combinaisons, celles de l'offensive. A ce moment, les fautes militaires sont à côté des fautes politiques, on les aperçoit partout; je n'en citerai, entre plusieurs, qu'un exemple, pris du début de la campagne de Russie, relatif non pas au refus de reconstituer la Pologne, ceci est une faute politique, mais à la pointe sur Moscou, ceci est une faute militaire. Les Russes, conformément à leur plan, qui était de ne

point livrer de grande bataille et d'entraîner leur ennemi aussi loin que possible, lui avaient abandonné d'abord la Pologne, puis la Lithuanie; arrivé à Vitepsk, lui-même comprit que, devant le plan des Russes, il devait modifier le sien, qui avait été une grande bataille, une grande victoire et une paix dictée par le vainqueur. Il résolut donc de s'arrêter à Vitepsk et d'y passer l'hiver, disant : « 1813 nous verra à Mos-
« cou, 1814 à Pétersbourg; la guerre
« de Russie est une guerre de trois
« ans. » Interpellant un administrateur par ces mots remarquables :
« Pour vous, Monsieur, songez à
« nous faire vivre ici, » et s'adressant à ses officiers : « Nous ne fe-

« fons pas la folie de Charles XII. »
Alors son étoile l'éclairait, dit M. de Ségur; mais, étoile ou non, le fait est qu'il abandonna un plan de guerre très dangereux pour la Russie, et en suivit un qui ne fut plus dangereux que pour lui-même. 1814, disait-il, l'aurait vu à Saint-Pétersbour; il fit la faute militaire, et 1814 vit les Russes à Paris. Remarquez toutefois que, cette faute, il l'avait aperçue (tout le monde l'apercevait); il la commit cependant; c'est qu'il y a dans une puissance sans contrôle quelque chose de capricieux et de puéril, qui croit se mettre aussi au-dessus du contrôle et de l'obstacle des choses.

On a dit, dans le temps où les monarques régnaient de droit divin, que l'histoire était la leçon des rois. Aujourd'hui que les peuples ne reconnaissent plus que le droit humain, voyant dans la royauté une magistrature toujours soumise à l'autorité collective de la nation et au contrôle de l'opinion publique, il faut amender cet axiome et dire que l'histoire est la leçon des peuples. Plus l'histoire est voisine, plus cette leçon importe et est susceptible de se faire comprendre. Ainsi, pour nous, quoi de plus instructif que cet intervalle qui commence à la grande Révolution et qui atteint ce temps-ci, c'est-à-dire la République, l'Empire, la Restauration, le règne de Louis-Philippe, la seconde République et le second Empire ? Quand on songera vraiment à l'éducation populaire et à la préparation du suffrage universel, rien ne sera plus utile qu'un sommaire inspiré par la vraie histoire, résumant les énergiques tendances de la France vers une rénovation politique et sociale, en accord, d'ailleurs, avec tout le mouvement européen, inscrivant nos succès dans cette voie, nos fautes et nos malheurs dans l'autre voie, et montrant au peuple, par son plus prochain passé, ce que doit être son plus prochain avenir.

FIN

F. AUREAU. — Imprimerie

BIBLIOTHÈQUE POPULAIRE
à 25 centimes le volume
(Étranger, 30 centimes)

Cette collection comprendra des petits ouvrages de différents genres : des livres de vulgarisation scientifique, des petits traités de politique populaire, des œuvres d'imagination, des ouvrages utiles, etc.

EN VENTE :

1. **Le Siége de Paris** (histoire du blocus de 1870 1871). 1 vol. avec carte.
2. **Histoire de la Commune de Paris** (18 mars 31 mai 1871); 1 vol. avec plan.
3. **L'Empire dévoilé par lui-même** (papiers saisis aux Tuileries), avec autographe. 1 vol.
4. **Histoire de la Guerre** (juillet 1870 à janvier 1871). 1 vol. avec carte.
5. **Journal d'un Prisonnier de guerre en Prusse**, par un officier de marine. 1 vol.
6. **L'Hygiène**, par J. Denizet, 1 vol.
7. **Les Ballons pendant le siége**, par W. de Fonvielle. 1 vol.
8. **Alsace et Lorraine**, par Élie Sorin. 1 vol. avec carte.
9. **Histoire de l'Internationale**, 1 vol.
10. **Histoire du Second Empire**, 1 vol.
11. **Les prisonniers du Mont Saint-Michel**, par J. Cauvain, 1 vol.
12. **Napoléon Iᵉʳ**, par André Lefèvre, 1 vol.
13. **A travers la Vie**, par Édouard Siebecker, 1 v.
14. **La fin du Bonapartisme**, par E. de Pompéry. 1 vol.
15. **La Nouvelle-Calédonie**, par V. F. Maisonneuve, 1 vol. avec carte.
16. **La Prusse et la campagne de Sadowa**, par E. Sorin, 1 vol. avec carte.
17. **La Révolution. — Les Préliminaires**, par A. Proust, 1 vol.
18. **Sur le génie militaire de Bonaparte**, par E. Littré, 1 vol.

F. Aureau. — Imp. de Lagny